www.ingramcontent.com/pod-product-compliance
Ingram Content Group UK Ltd.
Pitfield, Milton Keynes, MK11 3LW, UK
UKHW020238250726
13967UKWH00001B/445

الحب في الكوكب العاشر

شعر

إبراهيم حجاب

إهداء ..

لروحٍ تُشابِهُني حدَّ عشقِ المجانينِ في الزّمنِ الغابِرِ ..

لعينينِ أشْعلتا شَمعدانَ اجتراحي طُقوسَ الصِّبا الباكِرِ ..

لأحْــلامِ أرواحِنا المستحيلاتِ ..

للعشقِ في العالَمِ الآخرِ ..

لكلِّ الحكاياتِ ..

تسخرُ منّا البداياتُ ..

في حظّها العاثِرِ ..

لكلِّ النِّهايات تستمطِرُ الغيبَ ..

تخضَرُّ في قُدرةَ القادرِ ..

لــ "**توأم روحي**" ..

لــ "**أسطورة الرّوحِ**" ..

للحبِّ "**في الكوكب العاشِرِ**"..

تعويذةٌ ..

لا يُســـألُ الشـــعراءُ عمّـــا سَـــطّرت
أرواحُهُـــم لمــــا يَفـــيضُ خيالُهـــا

الشـــعرُ كالرؤيـــا إذا مـــا فُسِّـــرت
ضـــاقت مـــذاهبُها وغِيـــل جمالُهـــا

والحـــبُّ كـــالرُّوحِ الوَقُـــورَةِ حينمـــا
يســـمو بهـــا إيمانُهـــا وجلالُهـــا

حتّـــى إذا نُشِـــرت قصـــائدُ عشـــقِها
هَبَطَـــتْ وشُـــدَّت حولَهـــا أغلالُهـــا

(١)

إن الحيـــاة بـــلا هـــوى مثل الحيـــاة بـــلا هـــواء
أو كالزمـــان بـــلا غـــد أو كالصباح بـــلا ضـــياء
هـــي كالســـراب بقيعـــةٍ ويظنـــه الظمـــآن مـــاء
لـــولا هـــواكِ لأنْكَرَتْنِـــي الأرضُ يـــا "هِبَـــةَ السَّـــماء"

توأمُ الرُّوحِ

توأمُ الرّوحِ ..

مــن أنــتِ؟ في كــلِّ الــدروب أراكِ
وأراكِ في ســـهوي وفي إدراكـــي

وأراكِ في الأنهــارِ في خُضــرِ الــرُّبى
في البــدرِ في الآفــاقِ في الأفــلاكِ

وأراكِ في كـــلِّ النِّسَـــاءِ ولا أرى
فـــيهنَّ إلاّ مـــا تـــرى عينـــاكِ

يا توأمي يا نصـفَ روحـي يـا أنـا
يــا خــافقي الغـضَّ الــذي يَهْـواكِ

يا صــورتي في المــاءِ .. يــا أُســطورتي
يــا قــيمتي: أنــا .. مــنْ أنــا؟ إلاّكِ

يــا أروع استســقاءِ روحــي للمُنَــى
يــا أعــذبَ اســتلهامِها نجــواكِ

يــــا بـــــردَ أيـــامِ الصــــقيعِ ودفئَهـــا
يـــــا باقَـــــةَ الأزهَـــارِ والأشــــواكِ

يا جنّةَ الأشـــواقِ .. يـــا نـــارَ الجـــوى
مَـــنْ لِـــي بِمِثلِـــكِ فِتْـــنَتي وملاكِـــي

تســـتغربين .. أهـــيمُ فيـــكِ ولم تكُـــن
خطرتْ -علـــى مـــرِّ الهـــوى- لُقْيَـــاكِ

عَينـــاكِ حـــدَّثتا : بـــأنّ لقاءَنـــا
سَـــبَقَتْهُ, في خُضـــرِ الجِنـــانِ, رُؤاكِ

شَـــفَتاكِ أَوْمأَتـــا : بأنّـــكِ تـــوأمي
نـــادَيْتِني .. أنـــا عاشـــقٌ لبـــاّكِ

أنـــا لم أَهِـــمْ بســـواكِ عشـــقاً ســـامياً
أبداً .. ومَـــا صَـــدَقَ الهَـــوَى لِســـوَاكِ

أنـــا مـــا عَرَفْــتُ الحـــبَّ إلا حينمَـــا
أبصـــرتُ رُوحـــي في وَمِـــيضِ سَـــنَاكِ

إنْ كنـــتِ في هـــذا الوُجـــودِ قصـــيدةً
أنـــا شـــاعرُ الحـــبِّ الـــذي غنَّـــاكِ

أوْ كنـــتِ في رَحْـــبِ الفَضـــاءِ مَجَـــرَّةً
أنا نَجْمُـــكِ الهـــادي الـــذي ضَـــوَّاكِ

أوْ كنـــتِ في قَعْـــرِ المُحـــيطِ مَحَـــارَةً
أنـــا أَعْـــيُنُ الغـــوّاصِ والسّـــمّاكِ

أوْكنـــتِ في الـــدِّينِ الحنيـــفِ شَـــعِيرَةً
أنـــا أَدْمُـــعُ العُبَّـــادِ والنُّسَّـــاكِ

للـــرُّوحِ توأَمُهـــا الوحيـــدُ .. وللنّـــوى
أمـــدٌ .. وإنّـــي يافتـــاةُ فَتَـــاكِ

أيلول ٢٠٠٦ ملبورن

اخْتِصَارٌ ..

اخْتَصَرْتِ النِّسَـــاءَ في ناظريَّـــا　　　واخْتَصَرْتِ الحياةَ حبًّـــا نقيًّـــا

واخْتَصَرْتِ الهمومَ همًّا وحيـــداً　　　يُكسِبُ الروحَ رِقّـــةً ورُقيًّـــا

توأمَ الروحِ يَهْنِكِ الحبُّ طهراً　　　وعطـــاءً مباركـــاً ســـرمديًّا

واصطِبَاراً على الجَوى وعيوناً　　　حاضراتِ النَّدَى وقلباً رَضِـــيًّا

سوفَ أبقَى مَدَى الحياةِ غريباً　　　حيثُما كنتُ أو فحِنِّي عليَّـــا

أنا مَجنُونُك الـــ"مَنحِتيهِ" عَقْلاً　　　أنا مَقتُولُك الـــ "أَعَدْتِيهِ" حيًّا

أنا طِفلٌ رضعتُ حُبَّكِ دهـــراً　　　فكواني الفطامُ في القَلبِ كَيًّـــا

كنتُ كالموجِ عزةً وشموخـــاً　　　فرماني هَوَاكِ في الـــيَمِّ رَمْيـــاً

كنتُ كالصُّبحِ مشرقاً كلَّ يومٍ　　　فانطفى النّورُ في الحَشَا والمحيَّـــا

أنتِ "يا روحُ" لا سواكِ فتاتي　　　فارحمي روحَكِ الكسيرةَ فِيَّـــا

شباط ٢٠٠٧ ملبورن

صفر "كَالْفِنْ" *

أتذكرُ شيئاً من الأحرفِ الأبجديّةْ ؟؟
أتعرفُ سلسلةً عدديّةْ ؟؟
أتبصرُ شيئاً ؟؟ أتدرك شيئاً ؟؟
كم السَّاعةُ الآنَ ؟؟ في أيِّ يومٍ وشهرٍ وعامٍ نكونُ ؟؟
بأيِّ التقاويمِ .. أيِّ المواقيتِ ..
إنَّكَ في لحظةٍ سرمديّةْ .

تَدَاخَلُ فيها الحروفُ .. تذوبُ تِبَاعاً ..
ويَضطربُ العدُّ .. يَصْعَدُ .. يَنْزِلُ ..
أرقامُهُ تَتَلاشَى سِرَاعاً ..
لتَدْخُلَ في عَالَمِ الأَبَدِيَّةْ ..
ولكنَّ شيئاً يَحُولُ ولحظةَ عُمرِكَ أن تستمرَّ ..
يُسمُّونَه الواقعيَّة ..
وإني أسمِّيهِ .. مَقبرةَ الحُلُمِ النَّرجسيّ ..
مَنْفَى التَّوائِمِ .. سِجنَ المشاعرِ والأمنياتِ النَّديَّة

أيلول ٢٠٠٦ أديليد

---

* درجة الحرارة "صفر" مطلق التي تتغير فيها خواص المواد الطبيعية

لا تَتَأَخَّري ..

قالت: سلاماً .. يا "بَرَذَرْ"
أهلاً أخاً .. أهلاً صديقاً ..
مرحباً بك زائراً ..
لا شكَّ أرهقَكَ السفرْ ..

شَرَّفتَ مَنْزِلَنا .. استرحْ ..
واشربْ عصيرَ الضَّيْفِ ..
خبِّرْنا عن الأيامِ في "مِلْبُورْنَ" ..
عن "يارا" ..
وعن إيقاعهِ تحت القمرْ ..

أهلاً ..
كأنَّك واحدٌ منَّا فلا تخجلْ ..
وكُلْ مَا تشتهي ..
واجْلِسْ كما تَهْوَى ..
وقُلْ ما في خيالِكَ من أحاديثِ السَّمرْ ..

لكنْ ..

- و"لكنْ" لا أحبُّ سماعَها: هي مثلَ ناقوسِ الخطرْ –

لاتُرْسِلِ النَّبضَاتِ ..

لا يَخْطُرْ بِبَالِكَ ..

ما يُذيبُ العاشقينْ ..

فهناكَ ..

ما يَدعو الجميعَ إلى الحذرْ !!

قِفْ هاهنا !

ماذا تريدْ ؟

أوأنتَ تنوي أن تولّيَ وجهَ قلبِكَ قِبلتَيْن ؟

وتحيلَ أفراحَ الطفولةِ دمعتين ؟

أتظُنُّ أحلامَ الصّغارِ ستُستَرَدُّ بدُميتين؟

ماذا دَهَاكَ ؟

وما الخبرْ ؟

قِفْ ! إنَّني لا أستطيعْ ..
قِفْ ! إنَّني مهما فَعَلْتَ
تَظَلُّ في عَيْنَيَّ كالبطلِ الصَّريعْ ..
قفْ ! لا تُحَمِّلْني ذُنُوبَكَ ..
لا تُوَجِّعْني بحُبِّكَ ..
لَسْتُ قادرةً على عِشْقِ امْرِءٍ
سَبَقَتْ نِهَايَتُه البِدَايَةَ
قِفْ!
إنَّ نارَ مواجعي ما عادَ ينقصُها شرر ..

أوَلَسْتِ رُوحِي يافتاة ؟
أوَلَسْتِ توأميَ الذي أرْنُو إلى لُقْيَاهُ
قبلَ جنونِ روحي في هواه ؟
أوَلَسْتُ أنتِ - كما تقول "الخيمياءْ" ..
فعَلاَمَ يا روحي الحذرْ ؟

أوَلَسْتُ روحَكِ يا فتاة ؟
أو لم تَقُولي: أنتَ "إكْسيرُ" الحياة ؟
أوَلم تُغنِّيني على شفتيكِ أُغنيةَ "المسافرِ والفَلاة" ؟
أم صارَ قلبُكِ من حَجَرْ؟

إنِّي أخافُ عليكِ أن تتأخَّرِي ..
ويحينَ للروحِ السَّفرْ ..
وأخافُ - حينَ تُقَرِّرينَ الحبَّ - لا تَجِدينَنَي
وأكُونُ أغنيةَ المطرْ ..

"يا روحُ" إنِي لَسْتُ أدري ما أقولُ إذا
تَبَـــــاعَدَتِ الــــــدُّرُوبُ
وغِبتُ في لُجَجِ القَدَرْ ..

لكنَّني أرجوكِ ألاَّ تَيْأَسِي: إنِّي أحِبُّكِ ..
لم أكُنْ لأُحِبَّ غَيْرَكِ في البَشَرْ.

تشرين الأول ٢٠٠٦ ملبورن

المستحيل !!

أُفتّشُ في المستحيلِ ..
عن اللذّةِ الممكنةْ ..
ومذْ كنتُ طفلاً ..
أَسُوسُ الخيالاتِ كالأحصنةْ ..
بدأتُ مُغامرةَ البحثِ عن توأمِ الروحِ ..
في عالَمِ المستحيلْ ..

أُفتّشُ في الحربِ ..
عنْ آلةِ السلمِ ..
في الماءِ عنْ جذوةِ النَّارِ ..
فِي كلِّ شيءٍ عنِ المستحيلْ ..

أُفتّشُ فيكِ عن الحبِّ ..
آهٍ من الحبِّ ..
لا يَعرفُ المستحيلْ ..

أنا المستحيلُ ..
وأغرسُ في مفرق الليل آخرَ نجمٍ ..
وقد أوشكَ الحبُّ ان يلفِظَه ..

هي المستحيلُ ..
وما أدركَ الصُّبحُ أن ضياءاتِهِ ..
شعلةٌ من سناها الذي أيقظَه ..

هي المستحيلُ ..
وألمحُ فيه امتدادَ المدى واغترابَ العيونْ ..
وأسمعُ فيه صدى العشقِ ..
آخرَ ما أنشدَ العاشقونْ ..

أنا المستحيلُ وبيني وبين ارتياحِ الخُطى ..
مثلَ ما بين عشقي لها والجنونْ ..

ولا مُستحيلَ ..

تشرين الثاني ٢٠٠٦ ملبورن

جرأةٌ خضراءُ

متجاوزاً كلَّ الـــخُطوطِ الـــحُمْرِ ..
متَّكِئاً ..
على حلمٍ تقادمَ عهدُهُ ..
أمضي ..
تقودُ خُطايَ ..
روحي المُلهَمة ..

وأسيرُ والجنَباتُ – لولا بارِقٌ ..
ما زالَ في عيْنِيَّ ..
من عَينيكِ مُتَّقِداً –
دروبٌ مُظلِمَة ..

وطريقُنا مستحدَثٌ ..
كلُّ الإشاراتِ المضِيئةِ فيهِ ..
تبدو مُبهَمَة ..

وأنا وأنتِ ..
كأننا ظلاّنِ ..
مدَّهُما اضطرابُ المشرقَيْنِ ..
كأننا "كُوْدَانِ" ..
صاغهما اختلافُ "الأنظِمَة" ..

وكأنَّنا ورقُ الخريفِ ..
يسطِّرُ العشّاقُ ..
فوقَ ظهورنا الأسرارَ ..
والأسرارُ فينَا مُعجَمَة ..

هلا الْتَفَتِّ ؟
لعلَّ ليلاً ملَّ من ظَلْمَائِهِ ..
يَهديهِ وَجهُكِ ..
كي يصالِحَ أَنْجُمَه ..

حزيران ٢٠٠٧ ملبورن

لا ذَنبَ إلا اليَأس ..

فِي سَوْرةِ الإغراءِ ..
تستعِرُ الغريزةُ بينَ كلِّ اثنينِ ..
تُنهِكُ حِكمَةَ القلبَيْنِ ..
والمجنونُ – رغمَ البَيْنِ –
يُبصِرُ بارقَ العينينِ في العينينِ ..
والروحَ الوحيدةَ تهجُرُ الجسَدَينِ ..
تعرجُ في سماءِ العشقِ ..
تسجدُ للإلهْ ..

في نشوةِ الإسراءِ ..
يشتعلُ السؤالُ ..
عن الذين يُسبّحُ الماضي بحمدِ وفائهم ..
ما ذنبُهم ؟ شدّتْ أمانيهم إلى غَدِهِ الرِّحالْ ..
ما ذنبُهُ ؟ ما ذنبُ توأمِ روحِهِ ذاتِ الجلالْ ؟
ما كانَ يعلمُ أنّها تلكَ الفتاه ..

لاذنبَ إلا ذنبُ إبليسَ الذي ..
ما زال ينْفُثُ وَسْوَسَاتِ اليأسِ ..
في كُلِّ اتِّجَاهْ ..

ما الحبُّ ..
إن لم تضطرِبْ أشياؤنا ..
أو تَحترِقْ أحشاؤنا ؟
ما الأُمنياتُ ..
وما اعترتْ أيامَنَا ..
لُجَجُ العذابِ المشتهاةُ ..
وما الحياهْ ؟

ما قيمةُ الفُلْكِ العظيمِ ..
ولم يَكُنْ بَحْرٌ عظيمٌ ..
يَسْتَحِمُّ الأُفْقُ في أقْصَى مَدَاهْ ..

كانون الأول ٢٠٠٦ ملبورن

صُدُودٌ ..

فِيمَ اغْتِـــرَابُ الطَّيْـــرِ في مَغْنَـــاهُ؟ وَلِمَ ارْتِيَابُ النَّهْـــرِ في مَجْـــرَاهُ؟
فاضَتْ حُروفي بالنَّدَى وجَرَتْ على قَلَمِي نَشـــيداً خَـــافِقِي غَنَّـــاهُ
وتَسَابَقَتْ نَحْوي حِسَانُ الأرضِ مِن شَغَفٍ عَسَى فِيهِنَّ مَـــنْ أَهْـــوَاهُ
وأنا أرى فِيهِنَّ طَيْفَـــكِ حَاضِـــراً وجَمَالُهُنَّ -السِّحْرُ- لَسْتُ أَرَاهُ
حتَّى إذا بَلَغَتْكِ مِن دُونِ الـــوَرَى أَوْصَدْتِ بَابَكِ والْتَزَمْتِ حِمَـــاهُ
وَرَمَيْتِهَا -وهي العزيزةُ- خَلْفَـــهُ أَوَّاهُ مِنْ بَعْـــضِ الجَفَـــا .. أَوَّاهُ
ما كُنْتِ بِدْعاً في النِّسَاءِ عَزيزَتِـــي لكنَّمَا أرواحُـــــــنَا أشْـــبَاهُ
قَدَرِي .. وأسبُرُ غَـــوْرَهُ مُتَـــوَكِّلاً حتَّى كَـــأَنِّي في غَـــدِي أَلْقَـــاهُ
لابُدَّ مِن بِعْضِ التَّجَاسُرِ أو نَمُـــتْ قَبْلَ الوَفَـــاةِ وللقلـــوبِ شِـــفَاهُ
والروحُ مهما طَالَ صَمْتُ أَنِينِهَـــا حَتْماً ســـيخْتَرِقُ الأَنِـــينُ مَـــدَاهُ
والمَـــرْءُ مَـــا دامَ التَّوَكُّـــلُ دِينَـــهُ لا شَكَّ تَثْبُتُ في الخُطُوبِ خُطَاهُ

لاسَيْفَ يَسْبِقُ عندَ نَفسِي عَـــذْلَهَا إلاّ حُسَـــامُ الحُـــبِّ لا أَقْـــوَاهُ
يا أنتِ ليسَـــتْ لحظَـــةً عَفْوِيَّـــةً حينَ التَقَـــتْ للرَّافـــدين مِيَـــاهُ
أَعَزِيزَتَاهُ يَعِـــزُّ قَـــوْلُ: "حَبِيبَتِـــي" شَاهت محَبَّةُ قَومِنَـــا إذْ شَـــاهُوا
خاطَبْتُ فيكِ الرُّوحَ يا رُوحِي فَمَا أبصَرْتِ حَرْفِي أو أَجَبْتِ نِـــدَاهُ
حتى إذا يَئِسَتْ حُرُوفِـــي كلُّهَـــا جَافَى فُـــؤَادُكِ قَيْـــدَه وعَصَـــاهُ
وحَكَى بأعْذَبِ صَوْتِهِ: "قُمْ يَا فَتَى فلأُدْخِلَنَّـــكَ مُـــدْخَلاً تَرْضَـــاهُ"

كانون الأول ٢٠٠٦ ملبورن

صَباحٌ قادمٌ من الشَّرقِ ..

يا صباحاً مشرقاً ما أجملـهْ! غَنَّتِ الأطيارُ فيهِ البســملَة
واكتسى الوادي بــه حُلَّتَــهُ وسَرَتْ بالعطرِ ريحٌ مرسلَة
وأنـــا مســـتقبلٌ قبلتَهـــا ألثُم النورَ وروحي مُثقلَــة
أيُّها الصُّبحُ وقــد غادَرْتَهـــا كيف أخبارُ الفتاةِ المُذْهِلَة ؟
هل تُرى لا زلتُ في دَفْتَرِهَــا صفحةً فارغةً أو مُهْمَلَــة ؟
أم تُراهـــا رَسَــمَتْ قُبلتَهـــا في ثَنَايَاي حروفاً مُجمَلَــة ؟
أم تُراها أَرْسَــلَتْ بَســمَتَها تَنسُجُ النورَ خيوطاً مُسدَلَة ؟
أيُّها الصُّبحُ وقد كنتُ علــى مشرقِ الأيامِ أبني الأخيْلَــة
وأُناجيــكَ حروفــاً حِبرُهَــا أدمعُ الشَّوقِ وأنَّاتُ الوَلَــهْ
هل تُــرى أُغْنيَتِــي تَبْلُغُهَـــا لَحْنَ حُبٍّ تَسْكَرُ الأرواحُ لَهْ
أيُّها الصُّبح كَوَاني صَــمْتُهَا هل تُراها لا تُجيبُ الأسئلَة؟
أم تُناجيـــكَ إذا وَدَّعْتَهَـــا وإذا ما جِئْتَنِي خُنْتَ الصِّلَة
أنا أخشى منكَ لا من وَرْدَتِي هِيَ كالآياتِ طُهْراً مُنْزَلَــة
هِــيَ كالجنّــةِ لا يَــدخُلُها مُؤمِنٌ إلا أَطَابَــتْ مَنْزِلَــهْ

كانون الثاني ٢٠٠٧ ضمد

لله ..

أَقَلُّ حقــوقِ المســلمين ســلامُ   وأسهلُ وصلٍ في الحيــاةِ كــلامُ

وأيسرُ من قطعِ الأواصرِ وصــلُهَا   وأعسرُ من قتلِ النّفوسِ خِصَــامُ

رويدَكِ ما أنتِ الملائــكُ كُلُّهُــمْ   ولا أنــا شــيطانٌ عليــه لِثَــامُ

أ"يا روحُ" إني ما أســأتُ لِحُــرَّةٍ   وما كان لي في المومساتِ غَــرامُ

وما كنتُ بياعــاً بحانــة خمــرةً   وما طاب لي في الغربتين مــدامُ

فما لحروفي لا تُجَــابُ ؟ كــأنّني   على كوكبٍ ما فيه قــطٌّ أنــامُ

و"يا روحُ" لا تغررك "بابا" من ابنتي   فإني وإن جــارَ الزمــانُ غــلامُ

أحبُّ وأرعى أنجمــاً وكواكبــاً   وأحلمُ في قصــرٍ عليــه غَمَــامُ

و"يا روحُ" مابِي في سواكِ صَــبَابَةٌ   ومابِي لغــيركِ لَوْعَــةٌ وهُيَــامُ

وكلُّ تَغَــنٍّ في ســواكِ خَطيئــةٌ   وكلُّ هَوىً إلاّ هَــوَاكِ حَــرامُ

شباط ٢٠٠٧ ضمد

مِيثَاقٌ ..

إني أحسُّ بالاختناقْ ..
الناسُ يدفعُ بعضُهم بعضاً ..
إلى مستنقع الكذبِ ..
الـــمُلَطَّخِ بالدِماءِ البِيضِ ..
مغْتَسَلِ النفاقْ ..

وأنا أرى حُرِّيَّتي ..
في الصِّدقِ حتّى والدُّجَى الأبديُّ يلتَهِمُ الرِّفَاقْ ..
في الحبِّ لو جَارَ الحبيبُ وظَنَّ فِيَّ ظُنُونَهُ ..
وأذَاقَني كأسَ الفِرَاقْ ..

أنا مستعدٌّ للحياةِ الحرَّةِ البيضاءِ في كَنَفِ الوِفَاقْ ..
وأنا إذا عَصَتِ الظُّرُوفُ مَشيئَةَ الأرواحِ ..
أخْتَرِقُ النِّطَاقْ ..
لأنني لا أسْتَحِلُّ العَيْشَ ..
في بَيْتٍ ضَبَابِيِّ الرِّوَاقْ ..

"يا روحُ" .. ماذا ترتجين ؟

أرجوكِ قولي لي ..

تَنَاسَيْ أنّني كَلِفٌ ..

وأنَّ الحبَّ بعدَ اليأسِ ..

في أعرافِنا تَلَفٌ ..

وأنَّ الحرفَ تَبْذُلُهُ..

فتاةُ الحُسْنِ للعشَّاقِ في بُلدَانِنَا تَرَفٌ ..

وأنّ نهايةَ الأرواحِ ..

– في قاموسِ أعداءِ الفلاسفةِ – احْتِرَاقْ ..

أنا أرتجي وَطَني .. الذي هو أنتِ ..

علَّمَني انتصارُ العاشقينَ ..

على مداهنَةِ الخِنَاقْ ..

وأنتِ مَاذا تَرتَجِين ؟

أنا مُستعِدٌّ أن أكونَ لكِ الـــ ...

شباط ٢٠٠٧ ملبورن

فُرْصَةٌ ..

تَتَــــوَجَّعِين غـــــداً ولا تَجـــــدِين إلاّيَ الطَّبيبَـــــا
وتُسَـــافرين مَـــدى الهـــوى لَحْنـــاً يُفَـــارِقُ عنـــدليبَا

أنا مَنَ هويتِ ولـــو أَرَدْتِ أكُـــنْ لـــكِ الـــوطَنَ السَّـــلِيبَا
أنا يا حيـــاةَ الـــرُّوح كـــلُّ الحـــبِّ إن شِـــئت الحبيبَـــا

فـــارْوِي فـــؤادَكِ مـــن هَـــوَايَ وأطفِئِـــي فيـــهِ اللَّهيبَـــا
وتجاســـري إنَّ القُيُـــودَ تُضَـــيِّقُ الكـــونَ الرَّحيبَـــا

"يا روحُ" إنَّ الصِّـــدقَ أصـــبحَ في حيـــاةِ النـــاسِ عَيْبَـــا
لَبسُـــوا قِنَاعَـــاتِ السَّـــعَادَةِ تَسْـــتُرُ البُـــؤسَ الرَّهِيبَـــا

حـــتى غـــدا الحُـــبُّ الجَليـــلُ بعُـــرْفِهم شَـــذْواً كئيبـــاً
وغَـــدَوْتُ مثلَـــكِ يـــا فتـــاةَ الغُـــربتينِ فَـــتىً غَريبـــاً

"يـــا روحُ" إنَّ الـــرُّوحَ أعطَـــتْ والوَفَـــا أَنْ نَسْـــتَجيبَا
لنَـــرَى الحيـــاةَ بعـــينِ طفـــلٍ حلمُـــهُ يَبْـــدُو قريبـــاً

شباط ٢٠٠٧ ملبورن

أصلي بكل المذاهبِ ..

كلِّ الطرائقِ ..

بين الضحى والعشيّ ..

أصلي مع القومِ ..

حتى إذا ما استهلوا الدعاءَ ..

لروحِ الوليِّ ..

استهليت أدعو بكل اللغاتِ ..

"بأن يفتح الله قلبكِ لي"

(٢)

أنا "قَيْسُ-لَيْلَــى" أو "كُثَيِّــرُ-عَــزَّةِ"

أو الفارسُ العبسِــيُّ "عَنْتَــرُ-عَبْلَــةِ"

أكونُ "جَمِــيلاً" إن تكــوني "بُثَيْنَــةً"

وإلاّ فكَنِّــيني بِـــــ "طَرْفَــةِ-خَوْلَــةِ"

أُولئِكَ خَلفِــي في الشُّــجُونِ أَؤُمُّهُــمْ

كمَا للغَواني "تــوأمُ الــرُوحِ" أمَّــتِ

حين تتجه نحو أسطورتك الشخصية فإنّكَ حتماً تجدُ توأم روحِكِ

أسطورةُ الرُّوحِ

سنتياقو* ..

أنا صفحةٌ لا تقبـــلُ الطيّـــا   وهدايـــةٌ لا تعـــرف الغيّـــا

مهما تراءى الموت لي رَصَداً   سأظلُّ فوقَ مَصَارعي حيًّـــا

روحي تحلق بي وقد حفظَتْ   وِردَ الهوى عهـــداً سَماوِيًّـــا

لا تَرْكَبي بَحرَ الغرورِ دُجـــىً   لِـــتُشتتي شَملَ الهوى فِيَّـــا

فأنا انسكابُ الوجدِ من عيني   وأنا انسيابُ الشعرِ من فِيَّـــا

وأنا ابتسامُ الـــوردِ أجمعِـــهِ   وأنا جميعُ روائـــعِ الـــدُّنيا

إن تُحرِقي بالصّدّ أشـــرعَتي   يَجْرِ اهتياجُ الشَّوقِ بي جَرْيا

أو تُظْمِئـــي بالبُعـــدِ أوردتي   تَرْوِ العُروقَ مَـــدَامِعي رَيّـــا

مهما بَعُدتِ فـــإن مَوْعِـــدَنا   مِثْل القيامـــةِ كـــانَ مأتِيًّـــا

حزيران ٢٠٠٧ ملبورن

---

* بطل رواية "الخيميائي" رائعة البرازيلي "باولو كويلو"

أحبّكِ

أُحبُّــكِ مهمــا غَزَتْــكِ الظُّنــون
ومهمــا زعمــتِ بــأني الخئــونْ
سَــلي أعــينَ الغيــدِ حــين اشــتكت
دروعــاً مــن السّــهوِ فــوقَ الجفــونْ
كفــاكِ امتحــانَ الــدموعِ الــتي
أوشَــكَت أن تجــفّ بوســطِ العيــونْ
كفــاني انتحــابُ الخُطــى المتعبــاتِ
علــى عتبــاتِ النَّــوى والظُّنــون
كفانــا اغتــرابُ حقــولِ الربيــعِ
وترحيــبُ أشــجارِها بــالمنونْ
هلُمِّــي إلى جنَّــةِ الخُلــدِ فيَّ
وكــوني مليكــةَ قصــرِ الجنــونْ

تمنيـــــتُ أنِّـــــي الطَّريـــقُ الـــذي

تَعْبُـــرِينَ عَليــــه صَـــبَاحَ مَسَـــاءَا

فــــأفرِش نَفْسِــــي لأجلِـــكِ وَرْداً

وأُغمِـــض عَيْنَـــيَّ مِنـــكِ حَيَـــاءَا

وأُنْبِـــئ رِجْلَيْـــكِ عـــن مَوْضِـــعِ الخَطْـــوِ

أُدْنيهِمَـــا مـــن مكـــانٍ تَنَـــاءَى

وأَقْصُــــر حـــينَ احْتِـــدَامِ الخُطُـــوبِ

وأَمْتَــــدّ إذْ تشـــرقينَ صَـــفَاءَا

وإنْ تَحْلُمِـــي أنْ تطـــيري بعيـــداً

غَـــدَوْتُ جَنَـــاحَيْنِ تَغْـــزُو الفَضَـــاءَا

فهـــلاَّ تَمُـــنِّينَ بالوصـــلِ إنِّـــي

مـــن الشَّـــوقِ أَنْـــزِفُ دَمْعِـــي دِمَـــاءَا

آب ٢٠٠٧ ملبورن

جنونٌ ..

بـــالله يـــا ســـحر العيـــون
مـــاذا الغيـــابُ عـــن العيـــون؟
حتـــام ترســـمُ ذكرياتُـــــــ
ـــكِ ليلَهـــا فـــوقَ الجفـــون؟
وإلام تســـــكنُ دورة الأيَّـــــــ
ـــــام أعمـــاق الســـكون؟
مـــاذا تبقـــى في يـــدي؟
أزجيـــه بـــالحرفِ الحنـــون
مـــاذا؟ وكـــلُّ مَـــدامِعي
سُـــكِبَتْ لأجلِـــكِ والشُّـــجون
هـــل تَرْقُبِـــين تـــوقُّفي
عـــن هجـــرتي؟ وأنـــا الظَّعـــين
أم تنظُـــــرين ترجُّلـــــي
وتســـاقُطي بِرَحَـــى المنـــون

لا لـــــن أقـــــول بـــــأنني

من غـــير حُبِّـــك لا أكـــون

أنـــا كـــائنٌ كالحـــبِّ لا

يفـــنى بصـــدٍّ أو ظُنـــون

أنـــا فيـــكِ مجنـــونٌ؟ أجـــل!

وأشـــد مـــن ضـــربِ الجنـــون

لكـــن حكمـــة خـــافقي

تنمـــو بحبِّـــك كـــل حـــين

أنـــا منـــك مقتـــولٌ؟ نعـــم!

ودمـــي تفـــرق في الأُتـــون

لكـــن روحـــي لا تـــزالُ

مصـــونةَ العِشـــقِ المصـــون

وأنـــا وحكمـــةُ خـــافقي

والـــروحُ نعـــرفُ مـــن أكـــون

كانون الثاني ٢٠٠٨ ضمد

أسطورة الروح ..

أنــــا طيـــفُ ذكراهـــا الـــذي تَتجَاهَلُـــه

أنــــا حُلْمُهَـــا يَـــدْنو ولا تَتَنَاوَلُـــه

أنــــا بعـــضُ نجواهـــا إذا هِـــيَ خافَتَـــتْ

أنــــا كـــلُّ شـــيءٍ ظـــاهرٍ تَتَدَاوَلُـــه

أنــــا صُـــبْحُها والعشـــقُ يزحـــفُ جَيشُـــهُ

أنــــا ليلُهـــا تغفـــو لـــديَّ جَحَافِلُـــه

أنــــا صـــحوُ عينيهـــا إذا رأتِ المُنَـــى

أنــــا غيمُهـــا يـــروي المسَـــافَةَ وابِلُـــه

أنــــا عطـــرُ رَوضَـــتِها وزهـــرُ ربيعِهـــا

أنــــا عـــذبُ لحـــنِ نشـــيدِها وبلابِلُـــه

أنــــا نفـــحُ كاذيهـــا وطِيـــبُ خَطُورِهـــا

أنــــا فلُّهـــا تزهـــو عَلَـــيَّ جدائلُـــه

أنــــا بحـــرُ كوكبِهـــا وأُفْـــقُ فَضَـــائِها

أنــــا دينُهـــا وفروضُـــهُ ونوافِلُـــه

أنـــا مَطْلَـــعٌ لقصـــيدةٍ في وصـــفِها
أنـــا مُلـــهِمُ الشَّـــطرِ الأخـــيرِ وقائلُـــه

أنـــا رُغـــمَ كـــلِّ هروبِهـــا مجنونُهـــا
أنـــا عاقـــلُ الحـــبِّ الكـــبيرِ وجاهلُـــه

أنـــا لســـتُ بـــدعاً غـــير أني عاشـــقٌ
شَـــهِدَتْ عليـــه بمـــا اعتـــراهُ أناملُـــه

أنَـــا حبُّهـــا نُســـكي وموكـــبُ حجِّهـــا
يطـــوي المناكـــبَ لا تَكَـــلُّ قوافلُـــه

واللهِ لـــو عَطِشَـــتْ فـــإنّي ماؤهـــا
تَـــجْري بأعـــذبِ مـــا يَكُـــونُ جداولُـــه

كان أن سُئِلْتُ عن سيرتي الذاتية ..

آب ٢٠٠٨ ملبورن

ابنةُ العزيز

هي راودت روحي وقالت: "هيتَ لك"
سبحانَ من في عمقِ روحي أنزلَك

هي غلّقَتْ أبوابَ قلبي دونَها
ورَمَتْ سِوَاها خَلفَ أستارِ الحلَك

هي أعتَدَتْ للغيدِ متكأً فقطّـ
ـعْنَ الأيادي خِلْنَني مثلَ المَلَك

ولقد هَمَمْتُ بها وهَمَّتْ بي سوى
أنّي وروحي ليس يجمعُنا فَلَك

قدّت فؤادي ثمّ قالت للهوى
حينَ استبقنا بابَه: "ما أعجلك"

فدخلتُ وحدي السِّجنَ دونَ جنايةٍ
وسألتُها قالت: "جنونُكَ أدخلَك"

حقًّا جننتُ وكيفَ لا ؟ وهي التي
قالَ الجمالُ لطَيْفِها: ما أجملَك

إشراقُ وجهٍ .. أيُّ صُبحٍ صاغهُ
عينانِ سحرٌ .. أي ليلٍ كَحّلَك

ما زلتُ أسألُها: أتلكَ عدالةٌ:
حَرّمتِ أن ألقاكِ أو أتخيّلَك

بضعٌ عجافٌ ظَلْتُ أبحثُ في الرؤى
علّ العزيزَ رأى بقربِيَ منزِلَك

من للمتيّمِ في زمانٍ جائرٍ
من ذاقَ كاساً من صبابتِهِ هلَك

هي غَيَّبَتْ شمسَ الرَّجاءِ بقولِها
لما تمكن حبُّها: "أنا لستُ لك"

تشرين الأول ٢٠٠٧ ملبورن

إذا اعتذَرْتِ ..

أتعتـــذرينَ؟ وقلـــبي الرضـــى والســـماح
أتعتـــذرينَ؟ وكُلّـــي هـــوىً وانشـــراح

أيوجـــدُ في لغـــةِ الحـــبِّ حـــرفُ اعتـــذار؟
أفي وجـــهِ حوريـــةِ الخلـــدِ أيُّ انكســـار؟

أمـــا إنـــني والمـــدى أخضـــرٌ مبـــهجُ
أراك دخلـــتِ وهمِّـــي ابتـــدا يخـــرجُ

أمـــا إن ليلـــي ســـكونُ النـــدى في يـــديك
وصبحي انعكـــاسُ الضّـــياءاتِ مـــن مقلتيـــك

وأمسي صـــدى همـــسِ يـــومِ احتمـــالِ لقـــاك
ويومي وكـــلُّ غـــدي حـــين روحـــي تـــراك

وأنـــتِ أنـــا حـــينُ تهـــربُ مـــني الأنـــا
وأنـــتِ الغريـــبُ الـــذي حـــالَ مـــا بيننـــا

ونحـــنُ تراتيـــلُ وردِ الهـــوى المســـتطاب
وأرواحنـــا النـــورُ كـــالآي روحِ الكتـــاب

فيـــا كـــلَّ أنســـامِ كـــلِّ زهـــورِ الخميلـــة
ويـــا كـــلَّ أنغـــامِ كـــل الطيـــورِ الجميلـــة

أفيضـــي علـــيَّ مـــن المـــاء أو مـــن نـــداك
فمـــا عـــدتُ أحتمـــل النَّـــارَ لفـــحَ جفـــاك

ومـــا عـــاد في العمـــرِ متســـعٌ للجـــراح
فحي على الحـــبِّ .. يكفـــي الـــدَّمُ المُســـتباح

آب ٢٠٠٧ ملبورن

بشيرُ الرّوح ..

الوجدُ فيهِ مُضاعَفُ الأجـــرِ والعشقُ فيهِ عبـــادةُ الــدّهرِ

والعزفُ فيهِ عمارةُ التّقـــوى والنزفُ فيهِ سِـــقايَةُ الطُّهـــرِ

والليلُ فيهِ ســـفينةُ النَّجـــوى والصبحُ فيه جزيرةُ الصـــبرِ

وجفاكِ فيه –برغمِ ما أدمـــى منِّي– كوصلِكِ أوَّلَ الأمـــرِ

ورضاكِ فيه –وقد غدا حلماً– دانٍ كذِكْرِكِ ساعةَ الهَجْـــرِ

وهواكِ فيه جـــوابُ مغفـــرةٍ لا يستحِقُّ ســـؤالَها غَيْـــرِي

والرّوحُ تبصرُ فيه صـــورتَها عندَ التقاءِ الأُفْـــقِ والبَحْـــرِ

وأنـــا بـــه طفـــلٌ تُهدهِـــدهُ أحلامُـــهُ في غُـــرَّةِ العُمـــرِ

جاءت بشائرُهُ فمـــا أبقـــتْ للسَّلْوِ–حتى الموتَ– من عُذْرِ

أرخى علـــى ميثاقِنـــا حُجُبـــاً للصِّدْقِ .. تُرفَعُ ليلَـــةَ القَـــدْرِ
وبنى لنا مـــن نـــورِهِ سُـــرُراً مرفوعـــةً بـــالأُنْسِ والطُّهْـــرِ
رمضانُ أنـــتَ الحـــبُّ يمـــنحُني ذاتي ويُنقـــذُني مـــن الأسْـــرِ
عامٌ مضى ما زلـــتَ بي حتّـــى سلَّمتُ أمري للهوى العُذْري
عامٌ وكـــلُّ مـــدامعي وقـــفٌ للشـــعرِ لـــلأوراقِ للحِبْـــرِ
أنا مُذْ رحلـــتَ بَـــذَلْتُ أوردتي ترويكَ من شـــهرٍ إلى شـــهْرِ
وسكنتُ ليلاً لاصـــباحَ لـــهُ يُخفي فَتَـــاتي حيـــثُ لا أدري
يا ملتقـــى العشّـــاقِ في زمـــنٍ ما للصَّبابةِ فيـــهِ مِـــن ذِكْـــرِ
ها جئـــتَ بـــالأفراحِ تغمرُنـــا فأعِد إلَيَّ الكوكـــبَ الـــدُّرِّي

آب ٢٠٠٧ ملبورن

حلمٌ ..

وأحلمُ أني أراكِ ..
وفي غمرةِ الحُلْمِ - حين تصدين عنِّي -
أنامُ ..
لأحلم أني أراكِ ...
فهل ترحمين الذي لا يراكِ؟
وهل يمهِلُ الحزنُ عينيَّ ..
حتى أراكِ؟

أناديك يا أنتِ ..
هل تسمعين؟
أؤذّنُ في مسمعِ الكونِ : إنّي أحبكُ ..
هل تؤمنين؟
ألا يا بقيّةَ حورِ الجنان هلمّي ..
أزيلي بإشراقِ عينيكِ همّي ...
ورُدّي الحياةَ إليّ بنفحِ شذاك ..

سئمتُ صدايَ ..

ورجعَ النداءاتِ والأسئلة ..

تعبتُ من السّيرِ وحدي ..

بدربِ المطامحِ والأخيِلة ..

لقد أنكرتني دروبي ..

تسائلني عنكِ ..

هل أنت مثل التي في الرؤى ..

مُقْبِلة؟

وقد هدّني الخوفُ منكِ ..

عليك ..

على روحي المثقلة ..

ألم تدركي, بعدُ,

أني فتاكِ الذي يعتريه الجنونُ ..

ولّما يفِقْ من هواك؟

أيار ٢٠٠٩ ملبورن

جريمة حب ..

أنـــا مســـتعدٌّ .. لأُحْكَـــمَ بـــالموتِ دونَ محاكمـــةٍ أو قضـــاء
لأشقى -سعيداً- بآلام روحـــي إذا طُـــرِدَت مـــن نعـــيمِ الشـــقاء
لأبقـــى وحيـــداً أصـــارعُ مـــوتي وفي عمـــقِ ذاتي بـــذورُ البقـــاء
لألفِظَ آخـــرَ أنفـــاسِ صـــدقي علـــى شـــرفاتِ الخلـــودِ/الفنـــاء

أنـــا مســـتعدٌّ .. لأني هَوَيْـــتُ الـــتي تعلمـــونَ ولا تعلمـــون
أنـــا عاشـــقٌ للفتـــاةِ المـــلاكِ الـــتي أدخلـــتني جنـــانَ الجنـــون
للتي أنكرتْ ما ترتّـــلُ روحـــي وأرخـــتْ علـــيّ ســـتار الظنـــون
وشـــدَّت علـــيَّ وِثـــاقَ الغـــرامِ وكـــذّبتِ الشِّـــعرَ والخيميـــاء

نعـــم مســـتعدٌّ .. لأني نســـيتُ الـــذي تعلمـــون ولا تعلمـــون
أنا جاحدٌ فكرةَ "العيْشِ والملـــحِ" في غُصَـــةِ العمـــرِ بـــينَ السُّـــجون
أنَا لم أصـــدّقْ ملاكـــاً تقـــولُ -لتفـــديَني: مرحبـــاً بالـــمَنون
وتَشْري لأجلي حُلِـــيَّ صِـــباها ولا تبتغـــي غـــيرَ بعـــضِ الوفـــاء

أجــل, حــاكِموني, جريمــةُ حبّــي تُشَــيِّبُ بــالهمِّ وِلــدانكم
وتُخــرجُ بــالغمِّ أضــغانكُم, وتوقــدُ في الــيمِّ نيرانكــم
ومهمــا ادّعيــتُم تجاهــلَ ذنــبي فحتمــاً سيُغضــبُ أصــنامكم
فإني أنا مجــرمُ الحــبِّ, ســافكُ/ســادنُ أحــلامِ بعــضِ النســاءْ

أنا مجرمٌ والبريئونَ من أوقــدوا -باســمِ ديــنِ الإلــه- الشّــقاق
لأنــا نعــيشُ بــأرضٍ نشــازٍ يغطــي المــروءاتِ فيهــا النفــاقْ
وتــرخُصُ فيهــا دِمــاءُ الحيــاءِ وتحــت سِــتَارِ الوَقــارِ تُــراقْ
ويكذبُ فيها الرجــاءُ وتخطــئُ فيهــا الصَّــلاةُ طريــقَ الســماءْ

أيار ٢٠٠٨ ملبورن

فأينَ تذهبين ؟

والدعاءُ لا تكلُّ كفُّه عن السؤالْ ..
وأين تختفينَ ؟ ..
والمساءُ يَستديرُ بدرُهُ ..
في وجهِكِ الـــمُشِعِّ بالجمال ..
وكيفَ تغرُبينَ والنَّهارُ من عينَيكِ يستعيرُ شمسَهُ ..
وفوقَ جفْنِي يَرسُمُ الظِّلالْ ..
وأين ترحلينَ والمدى هواكِ ؟
إن هي إلا جنةٌ خضراءُ ..
يرويها تكثُّفي لدى جفاكِ ..
مدينةٌ ظلالُها سحائبٌ ..
ما كانَ أن تكونَ لو أراكِ ..
وكيفَ تهربين والدروبُ كلها دمي ..
والريحُ مركبي إليكِ واليَقينُ سُلَّمِي ..
فأينَ تذهبين ؟

تموز ٢٠٠٨ ملبورن

شكوى ..

رحمـــــةً يـــا ربِّ إني أختنـــق　　وفؤادي مـــن مصـــابي ينفلِـــق

وعلـــى عـــينيّ ليـــلٌ مُطبِـــقٌ　　وعلى خديَّ مـــوجٌ يَصْـــطَفِق

لـــيس بي مـــن علـــةٍ ظـــاهرةٍ　　غيرَ أنّـــا في الهـــوى لم نتَّفِـــق

إن تكـــن قـــدَّرْتَ أن أعشَـــقَها　　فلتُقَـــدِّرْ أنَّنَـــا لا نفتـــرِق

إنهـــا روحـــي ولم يســـبق إلى　　موطن الروح ســـواها مُسْـــتَبِق

هي كالشمس اشـــتعالاً وســـنىً　　ليس ذنب الشمسِ أني أحتـــرِق

هـــي كـــالبحر امتـــداداً وغـــنىً　　ما على البحر إذا فُلْكِي غَـــرِق

هـــي كـــالحلمِ بجنـــات الهـــوى　　وأنـــا في سُـــكرِها لَّمـــا أُفِـــق

حبُّهـــا يـــا ربِّ لي مصـــطبحٌ　　فعسى مـــن حبِّهـــا لي أغتبِـــق

آب ٢٠٠٧ ملبورن

خسوفٌ ..

البدرُ ليلــةَ زُرْتكــم لم يخسُــفِ   هذا أنا من فَرْطِ فَقْدِكِ أختفــي

ردي علــيَّ دمــي وإلا ســلِّمي   روحي لأهلي دونَ أي تأسُّــفِ

قولي لهم كَفَــرَ الفــتى وأحــبَّني   إن الصَّــبابَة رِدَّةٌ في مــوقفي

يا من بدأتِ وما ظلمتِ ألم تــري   صدقَ المحبَّةِ والوفــاءَ بــأحْرُفِي

أنا لا أصدِّقُ أن روحَك أنكَــرَتْ   حُــبِّي الكبيرَ وللهوى لم تَعْرِفِ

إن سِرْتِ في بحرِ الظُّــنُونِ حبيبتي   وجَرَتْ رِيَاحُ الشَّــك فَلْتَتَوَقَّفِي

لا لستُ أهوى غيرَ ذكركِ في الورى   رُدِّي أو اقْتَرِفِي الصُّدُودَ أو اختفي

سيَّانَ عنــدي فرْحَــةٌ أو ترْحَــةٌ   يا عينُ حظُّكِ في الهوى أن تذرفي

يا كــلَّ ألــوانِ الحيــاةِ وظلَّهــا   بيني وبينَكِ: أنتِ ســرُّ تعفُّفــي

مهما تقادمَتِ الخطــوطُ فــإنني   لا زلتُ أختصرُ الأمانَ بمعطفــي

سأزوركُم حتَّى يَــرَاني بــدرُكُم   فيكونَ كلُّ مناهُ أن لم يخسُــفِ

أيلول ٢٠٠٧ ملبورن

نشيدُ المسَاءِ ..

مســـــاءَ السّـــــلامِ الــــذي لايُــــرَدُّ   مساءَ الحـــروفِ الـــتي لاتُعَـــدُّ
مســــــاءَ الطيـــــورِ الـــــتي لا تعـــــودْ

مساءَ اغتـــرابي الـــذي لا يُحَـــدُّ   مساءَ الصمود الـــذي لايُهَـــدُّ
مســــــاءَ الأمــــــاني بقلــــبي العنيــــد

مساءَ اللقـــاءِ الـــذي لايكـــونْ   مساءَ العذابِ الـــذي لايهـــونْ
مســــــاءَ ابتــــهالاتِ ليــــلِ الصــــدودْ

مساءَ الهوى واختـــراعِ الظُّنـــونْ   مساءَ النوى واجتياحِ الجنـــونْ
مســــــاءَ الجـــوى والعــــذابِ الشَّـــديد

مساءَ اشـــتياقي لحـــرفٍ يتـــيمْ   مســــاءَ احتمـــالي لهـــمٍّ ألِـــيمْ
مســــــاءَ اجتيــــازي لكــــلِّ الحـــدودْ

مساءَ اشـــتعالِ كَئيـــبِ الغيـــومْ   مساءَ انطفـــاءِ لهيـــبِ النّجـــومْ
مســــــاءَ الهـــروبِ الـــذي لا يفيــــدْ!

تشرين الأول ٢٠٠٧ ملبورن

يوميّاتُ عاشقٍ ..

رؤاكَ تَهاوت دونَهُــنَّ نُجــومُ   وروحُكَ في أوجِ الصَّفاءِ تحومُ

وسرُّكَ في عينيكَ يُشرِقُ منهما   طموحٌ لنيلِ المكرُماتِ عظــيمُ

وأسرُكَ في عينينِ تغرُبُ فيهمــا   كنجمٍ طواهُ الليلُ وهو بهــيمُ

ويعلمُ ما تخفي وتعلنُ واحــدٌ   بذاتِ صدورِ العالَمينَ عَلِــيمُ

وأنتَ على العهد القديمِ مصابرٌ   وطعنُ جراحِ الحُبِّ فيكَ مُقِيمُ

وروحُكَ تحيا بالجُنونُ وتنتشــي   بذكرِ غزالٍ في رضــاهُ تهــيمُ

إذا طالَ منهُ الهجرُ زِدتَ تَصَبُّراً   وإنْ ضَنَّ في حرفٍ فأنتَ كريمُ

وبينكَ والأقدارَ أجملُ صــحبةٍ   ويومُ المنى في الغائبــاتِ يتــيمُ

وتفرحُ والآلامُ فيــكَ جزيــرةٌ   إذا هبَّ من بحرِ الحبيبِ نسيمُ

فمَنْ تَكُ أقساهُنَّ تَوْأَمَ روحِــهِ   فكلُّ عذابٍ في الحيــاةِ نعــيمُ

وإن تكُ للعاداتِ عَادَت حليمةٌ   فقد عَادَ للعُرْفِ القديمِ حَلِــيمُ

آب ٢٠٠٧ ملبورن

أنا لَـمْ أحـجَّ لأسْـلُوَا   أو أستخفَّ من الجـوى

أو أستريحَ من الهمـومِ   ومن عـذاباتِ النـوى

أنا إنمـا حجّيـتُ كـي   أزدادَ في شُعَبِ الهـوى

لبيـكَ والأرواحُ نفـــ   ـختُكَ المقدّسةُ الطُّـوى

(٣)

شعبٌ مـن الحـاءِ بـاءِ يرضـى بحُكـمِ النِّسـاءِ
مـا قـالَ لا قـطُّ يومـاً إلا لقلـبٍ مُرائـي
أخبـارُهُ أُحجيـاتٌ أبطالُـهُ في عنـاءِ
باقٍ على العهـدِ مهمـا راعتْـهُ حـربُ الجفـاءِ
أشْـقَتْهُ أرضٌ عليهـا هانـتْ سُـيولُ الـدِّماء
يا رُبَّ يصحو فيشـدو: "مـالي ومـا للشـقاءِ"

في الكوكبِ العاشِرِ

في الكوكبِ العاشِرِ ..

نـــارٌ ودمـــوعٌ ودمـــاءُ   وعيـــونٌ ثكلـــى حمـــراءُ
وجـــراحٌ لا تـــبرأُ أبـــداً   ولظـــى لا يطفئـــهُ المـــاءُ
ورحيلٌ طـــولَ العمـــرِ بـــلا   أمـــلٍ والأفئـــدةُ هَـــوَاءُ
وخيـــالٌ لايصـــدقُ فيمـــا   يرسُـــمُه والحلـــمُ هبـــاءُ
ورجـــاءٌ في إثـــرِ رجـــاءٍ   كـــم أزرى بـــالحرِّ رجـــاءُ
واســـتجداءاتٌ تتـــوالى   هل أغنى الصَّـــبَّ اســـتجداءُ
أتســـاءلُ والرَّمَـــدُ مقـــيمٌ   هـــل بَقِـــيَ بعـــينيَّ ضـــياءُ
والـــرُّوحُ تكـــادُ تغـــادرُني   ويُغِـــيرُ علـــى الأفـــقِ فَنَـــاءُ
وضحايا الحـــبِّ بـــلا عـــددٍ   وعلـــى الطرقـــاتِ الأشـــلاءُ
يا أقســـى خلـــقِ اللهِ كفـــى   إنَّ العشَّـــاقَ لأمـــراءُ
لن تجـــدي مثـــل طهـــارتهم   من أرضِ الجنَّةِ قـــد جـــاءوا

أيار ٢٠٠٨ ملبورن

وقفةٌ على جبلِ أُحُدٍ ..

قالــــت ومــــاذا لم تَقُــــلْ فيقــــالُ
يكفــي المتــيّمَ كــي يمــوتَ ســؤالُ
"مــاذا تريــدُ؟" فــلا الســماءُ تُظِلّــهُ
وكأنمــا نُتِقَــتْ عليــه جبــالُ
مــن أيــن يســتجدي جــوابَ ســؤالها؟
أَلِمــن يمــوتُ تَفَكُّــرٌ وخيــالُ؟
أوّاهُ ممــا لا نطيــقُ وحســبُنا   إصرُ الهــوى إن الهــوى قتّــالُ
يــا ليــتَ لي أحــداً أضــرّجُ دونَــه
سُــقيا الشــهادةِ حيثُمــا أُغتــالُ
ســالت دمــاؤكَ يــا حبــيي هاهنــا
ودمــي مــدى خطواتهــا ســيّالُ
إنّــي لجــأتُ إلى حمــاكَ فقــل لهــا
تحنــو فقــد عبثــت بي الأثقــالُ
قلــبي يعــاتبني فأنحــتُ فوقــه   إن الحيــاةَ صــبابةٌ وســؤالُ

شباط ٢٠٠٩ المدينة المنورة

قولي كما شئتِ ..

قـــولي كمـــا شـــئتِ مـــا عـــادت بأيـــدينا

ولم تَعُـــدْ قَســـوةُ الأيَّـــامِ تُؤْذِيَنـــا

ولم يَعُـــدْ في دمـــاءِ الحـــبِّ أيُّ قـــذًى

ولم تَعُـــدْ وَشْوَشَـــاتُ اليـــأسِ تُصْـــبِينَا

لا وقـــتَ إلاّ لروحـــي فيـــكِ تعـــرفُني

وللمجـــانينِ يلقَـــوْنَ المجانينَـــا

يـــا أعـــذبَ المـــاءِ إلا حـــينَ أشـــربُه

لم الطُّعُـــونُ طعـــونُ الـــدَّهرِ تَكفينَـــا

لم المراحـــلُ كَـــمْ في العُمْـــرِ مرحلـــةٌ

لم المســـافاتُ شِـــبْرُ الحـــبِّ يُؤينَـــا

إنَّـــا وروحُ الهَـــوَى تَـــروي جَوانحَنَـــا

وتَســـكُبُ الشَّـــوقَ طُهـــراً في مآقينَـــا

لا نَســـتقيلُ ولانَلـــوِي أَعِنَّتَنَـــا

ولا نُبَـــدِّلُ غُصْـــنَ البَـــانِ سِـــكِّينَا

كنّا الخلِّيِّينَ نَسقي الخلَّ من دمنا
فهلْ نَضِنَّ وأصْبَحْنَا المحِّبينَا
نحنُ الهُدى أورقتْ فينا خمائلُه
فلم يرَ الحبُّ خيراً من تدانينا
أنسامُ مكّةَ ما زالتْ تداعبُنا
ونورُ طيبةَ لم يخفُتْ بوادينَا
والمُتْهِمونَ بِصُبْحِ العِشْقِ إخوتُنا
والمُنْجِدونَ بِلَيلِ الوَجْدِ أهلونَا
والملهماتُ رقيقَ الشِّعرِ نسوتُنا
هل تطربُ الأرضُ إلا حينَ يمشينَا
يا أصدقَ الحبِّ حظُّ الحبِّ أفئدةٌ
خضراءُ أصحابُها للحبِّ راعونَا
الحبُّ محرابُ أرواحٍ بها شغفٌ
لتجعلَ الصِّدق في أعماقنا دينَا

ألم يــزلْ بعــدُ للشــكِّ المريــبِ دجــى

يبــدي ملائكــةَ الــدنيا شــياطينَا

ألم تــري قبــلُ أنَّ الشــمسَ مــا غربــت

إلا لتخلُــدَ في النجــوى ليالينَــا

ومــا أطــلَّ ســناها بعــدَ غيبتِــهِ

إلا لتشــرقَ حبَّــا طــاهراً فينَــا

يــا تــوأمَ الــرُّوحِ مــا عــادَ الهــوى ترفــاً

سَــلي عــن الــدمعِ أحــداقَ المصــلينَا

مــا عــادِ للصَّــمتِ في الآذان مُتَّسَــعٌ

قــولي كمــا شــئتِ مــا عــادت بأيــدينَا

نيسان ٢٠٠٨ ملبورن

حصارٌ ..

.. قُبيلَ اقترابِي، على غفلةٍ، من مَدَاك ..

أكانَ على الأرضِ أن تستديرَ إلى الخلفِ ..
أن تتباعد أسفارُنا ..
أو تمرَّ رياحي سراعاً ..
لتنأى مناي إذن عن مُنَاك؟

أكانَ على الأفقِ أن يتظاهرَ بالصّحوِ ..
كي لا يُؤرَّخَ بالغيثِ يومُ لِقاك؟

أكانَ على الوقتِ أن يأمُرَ العقربَيْنِ ..
بأنْ يقضيا ذلك اليومَ دونَ حِراك؟

ومنذُ البدايةِ .. لمّا تفتَّحَ زهري على قطرةٍ مِن نَدَاك ..

أكانَ عليّ التنازلُ عن حاجتي للحياةِ ..
وما عدتُ أحيا سوى كي أراك؟
أكانَ عليّ الهلاك ؟..!

مساءَ التقينا .. وفاحَ, بأعذَبِ ما لم يُخيَّل إليَّ , شذاك

أكانَ عليّ اعتزالي ..
وكانَ على نورِ عينيكِ ألا يجوسَ خِلالي ..
وكانَ على كلِّ شيءٍ حَوالَيَّ ..
أن يتجاهلَ ومضَ سناك؟

أكانَ عليَّ الجلوسُ بعيداً ..
ولا فرق – حيثُ تكونين – بين هنا أو هناك؟

أكانَ عليَّ التشاغُلُ عنكِ ..
وأنتِ تطوفين حول حدائق عينيّ مثل الملاك ؟

أكانَ على أذنيّ التعذّر منكِ ..
وأنت تقولين ما لا تودّين أنك قلتِ ..
لئلا أعيشَ بذكرى صداك ؟

أكانَ على الشاي أن يتخثّرَ قبل بلوغِ فمي ..
حينما قدَّمتهُ يداك؟

وحين اعترفتُ بأنكِ ملهمةُ الشعرِ ..
من عهدِ آدمَ حتى نشبتُ بذاتِ الشِّراك ..

أكانَ على الشعر أن يتمرّدَ ..
ألاّ يطيعَ تولُّعَ حرفي بذكركِ ..
ألاّ يؤمَّ حِمَاك؟

أكانَ على الحاء والباءِ ..
أن يهجرا أحرف الأبجديةِ ..
أن يذهبا ..
حيثُ لا يتمنطقُ حلقي ..
ولا تلتقي شفتاك؟

وحين تذرَّعتِ بالذكرياتِ ..
ومستقبلُ الروحِ بعضُ رضاك ..

أكانَ عليّ تفادي سهامِ الهوى ..
والنُّجومُ وكلُّ الوجوهِ تشيرُ إليَّ بأنّي فتَاك؟

أكانَ عليّ إدانةُ روحي التي صَدَّقَتْ ..
أن ثمّةَ توأمَ روحٍ لها فيكِ لا في سواك ؟

أكانَ عليّ بأن أتجاوَزَ كلّ القواميسِ ..
أوْ أتَنَكّبَ كلّ النواميسِ ..
حتى أكونَ – وأنّى أكونُ - أخاك ؟

أكانَ عليّ بأن أقضيَ العمرَ في ردهاتِ القصورِ ..
أُفتّشُ في كلّ أنثى هنالك عنكِ ..
وعمّا أسميهِ – عَجزاً – هواك؟

.. وبعدُ ..
وعشقي الجنونيُّ أبعدُ من منتهاك ..

أَكَانَ عَليّ حصَارُكِ ..
حتى تُكذّبَ عَيناكِ لونَ الحقيقةِ ..
حَتّى تُشَكِّكَ في دَرْبِ حُبّي خُطَاك؟

كانون الأول ٢٠٠٨ ملبورن

خيبةُ الأسئلةِ ..

لماذا مَرَرْتُ بتلكَ الخيامِ البعيدةْ ؟
لماذا تصديتُ وحدي لتلكَ الرياحِ العنيدةْ ؟
لماذا خرجتُ من القبرِ ..
والمتصرِّفُ في الناسِ ..
مازالَ يمنحُهُم صَكَّ غُفرانه ..
أو يصُبُّ عليهم وعيدَهْ ؟

لماذا ابتعدتُ إلى حدِّ أدركتُ ..
أن المسافة بين الحقيقةِ والشّرقِ بضعُ قرونٍ عتيدَةْ ؟
وأنَّ المسافاتِ بين الشَّعوبِ ..
كمثل المسافات بين الكواكِبِ ..
لاتتلاشى ولو قُرِّبَتْ في سطور جريدَةْ ؟

لماذا اقتربتُ إلى منتهى سكرةِ العشقِ ..
حتّى رأيتُكِ أنتِ الوحيدَةْ ؟
لماذا كتبتُكِ؟ ليتَكِ ما كُنْتِ أنتِ القصيدَةْ ..

لماذا ادّرعتُ هواكِ وبيني ..
وبينَ اجتِراحِ الصِّبا أن أُريدَهْ ؟
لماذا اعترفتُ بكلِّ الحقيقةِ ..
والليلُ يمنحُ سرِّي بريدهْ ؟

لماذا وُلدتُ المسَاءَ الذي ..
شيّعَ الصِّدقُ فيه الحكايا الوليدَةْ ؟
لماذا نشأتُ مَكانَ اشتكى الوأدُ
وَيْلَ ازدحامَ النُّفوسِ الوئيدَةْ ؟

لماذا ؟
إلهي اعفُ عني ..
فقلبي يُحِبُّكَ -رغم الخطايا العديدَةْ -
ولكن أحلامَ روحي نأت بي ..
إلى حيثُ يجتازُ عقلي حدودَهْ ..

حزيران ٢٠٠٩ ملبورن

غُربةُ رُوحٍ ..

(١)

لم تعد تحملُني الأرضُ
لأن الأرض ملآى بالسراب ..

لم يعد يحملني
إلا السحاب ..

علَّني أهطُلُ كالغيثِ ..
على الأحبابِ
أنأى عن أعاصير العتاب ..

علَّ ريح العمرِ تسري بي
إلى الأرض التي يسكنُ فيها ظلها ..
ترتاحُ آثارُ خطاها ..
في ثراها ..
بعد نأيٍ واغتراب ..

(٢)

لحظةً ..

أغمضْتُ عينيَّ لئلا تعكسا ..

ماليس في قاموس أحلامي الفريدة ..

فإذا بي أفتحُ العينينِ كيلا تبصراها تقتُلُ الحاءَ ..

وترمي الباءَ ظلماً خلف قضبانِ القصيدة ..

لم أجد حلاًّ سوى ..

أن أغمضَ العينَ التي تقرأُ

ما تكتبُهُ كفُّ الغضبْ ..

وأرى الواقعَ بالأخرى التي

تُبصِرُها – في الحُلْمِ – تنأى عن دروبي دون ذنب ..

عدتُ كالشَّمسِ التي يحلُو لها في الشاطئ المهجورِ ..

إطباقُ الكسوف ..

ولها في الشاطئ المأهولِ بالإنسانِ ألوانُ الطيوف ..

ولها فيما وراء البحرِ أصنافُ الحتوف.

(٣)

تراودني رغبةٌ في اعتزالي

ونفي مكانِي ..

وحذفِ ظروفِ زمانِي ..

ونسيانِ كلّ الذي علّمتنيهِ مدرسةُ الحبِّ ..

حولَ الأمانِ الذي لا يكونُ بظرفِ مكانٍ ..

ولا يستقيمُ بهذا الزمانِ ..

تراودُني حاجةٌ ..

للمنامِ الطويلِ الطويلِ ..

عسى لا أرى شبهاً ..

بالوجوهِ التي أدمنتها ليالي القلق ..

عساني أغادرُ هذا النفق ..

إلى عالمٍ من خيالي

(٤)

أدّعي ..

أنني لا أحبُّ التّملُّكَ ..

لكنّني ..

حين أخشى افتقادَكِ ..

يظهرُ لي ..

زيفُ دعوى التقشُّفِ ..

ما عُدْتُ أعرفُ

كيف

يكونُ

الخروجُ ..

ترى هل تلومين روحاً ..

كأخضر ما تستطيعُ الطبيعةُ / قلباً ..

كأبيض ما تستطيعُ الثلوجُ ..

(٥)

ألا يا غزال المروج البعيدةِ ..
لا ترتقبْ في الرَّمادِ الضِّياء ..

ولا تقتربْ من مكانِ الجراحِ ..
التي لا تُداوى بغير البكاء ..

وعِشْ دونَ وهمِ البطولاتِ ..
إنَّكَ لا زلتَ في ريعان البهاء

ولا تكترثْ لاحتدام النداءات ..
عند شفير اقترافِ الفناء ..

فإنكَ إكسيرُ هذي الوجوداتِ ..
رمزُ الحياةِ ..
وسِرُّ البقاء ..

ملبورن ٢٠٠٨ -٢٠٠٩

بقايا حبّ ..

(١)

كـــم غـــزال رأيتُـــه ورآني   وخيـــالٍ غزوتُـــه وغـــزاني

ليس إلا خيالُهـــا نـــالَ منِّـــي   وسوى قوسِ عينها مارمـــاني

وعلى ســـكرتي بهـــا وجنـــوني   كم هـــلال رعيتُـــه ورعـــاني

(٢)

صافٍ عليـــكِ كـــأنّني أنـــتِ   ناسٍ لما قـــد قُلْـــتُ أو قُلْـــتِ

راضٍ بحُبِّـــكِ رغـــمَ قســـوتِهِ   مُفْضٍ إليكِ بكلِّ مـــا شـــئتِ

(٣)

أسكِنِ الريحَ إذا هـــبّ الـــنفير   وانزعِ النورَ من البـــدرِ المـــنير

أوقفِ الماء عـــن السّـــير وقُـــل   لهدير الموجِ أقصِرْ يـــا هـــدير

وابقَ في غيَّكَ ما شئتَ ســـوى   أن دَفْقَ الحُبِّ ماضٍ في المســـير

(٤)

أوهمٌ أنـــتِ أم حلـــمٌ جميـــلُ؟ وهل أنا فيكِ حيٌّ أم قتيـــلُ؟

وهـــل لا زالَ في عـــينيّ دمـــعٌ يغـــالُبني إذا حـــانَ الرّحيـــلُ؟

أما إنّي ببابِكِ طـــولَ عشـــقي و لم يعصِفْ بيَ الأمدُ الطويـــلُ

و لم تُجْدِ الجراحُ لوأدِ روحـــي و لم يسأمْنيَ الصّـــبرُ الجميـــلُ

رسمتُ على جدارِ هواكِ حُلمـــاً يناوِشُهُ الوجـــودَ المســـتحيلُ

(٥)

أطلّي طعنـــةً ســـأغيبُ موتـــا كفاني شِقوةً و كفـــاكِ صـــمتا

وقولي أيَّ شـــيءٍ إنّ روحـــي بحُبِّكِ لا ترى عوجـــاً وأمتـــاً

بربّكِ من دعاكِ لنتفِ ريشـــي ومن بالظُّلم للعشّـــاقِ أفـــتى؟

أقيلي يا حياةَ الـــرّوحِ روحـــي ورعشَةَ خافقٍ يهـــواكِ موتـــا

(٦)

بيني وبينكَ سِرٌّ أيُّهــا القمــرُ لايستدِلُّ إليــهِ الجِــنُّ والبَشَــرُ

أنت الوحيدُ توافيني بصــورتها وفيك يظهرُ مهما أخفتِ الخــبرُ

أنت السَّمير وقد عاثَ الغرورُ بها وخدَّرتْ روحَها الأشكالُ والصُّوَرُ

أراكَ في سبحاتِ الرُّوحِ مؤتَلِقاً تُهدي الضياءَ فيَحلو تحتَكَ السَّمَرُ

لي فيكَ ما أنتَ راءٍ حينَ طلعَتِها وعينُ نورِكَ تُؤلي إنَّهـا القمَـرُ

(٧)

الذي يحسبُ أن العشقَ ثـوبٌ لا يشكُّ اليومَ أنّي قد نزعتُـه

والتي تمقُتُ ظعـني في الهـوى ربّما ظَنَّنتهُ لهواً فـاتَ وقتُـه

والـذي يقـرأ نـزفي شـاهدٌ أنّـي لـو هواهـا ماكتبتُـه

والتي تعشـقُ مثلـي أيقنَـتْ أنّ هذا العزفَ لا يهدأ صـوتُه

(٨)

سـأبقى أحـبُّ لأني بحبِّـكِ أحيَـا

وأبقى سـعيداً ولوقلـتِ مـا قلـتِ فِيَّـا

سـتفنى ظنونُـكِ مهمـا تعـاظمَ جُرمـي

ويبقـى جنـوني يُـرَوِّي الجنـائنَ ريّـا

سـتُعلنُ كـلُّ الإذاعـاتِ أنّـي خئـونٌ

وأنّي بعشـقِكِ قـد جئـتُ شـيئاً فريّـا

وحـين أمـوتُ سـتعلنُ كـلُّ الليـالي

بـأنّي قضـيتُ مُحِبًّـا صـدوقاً وَفيّـا

تبيـتين تقتـرفين التـهرُّبَ منّـي

وما زلتُ أطـوي المسـافاتِ نحـوكِ طيّـا

تصـلّينَ حينـاً لألفِـظَ أنفـاسَ عمـري

وروحي تصلي لأجلـك مـا دمـتُ حيّـا

(٩)

آخـــرَ الأمـــرِ قـــد أكـــونُ وحيـــداً

هـــل تـــراني إذن ســـأحيا ســـعيداً

لا تلـــومي اغتـــرابَ روحـــي فـــإنّي

كـــلَّ يـــومٍ أرى اغترابـــاً جديـــداً

أثكلـــتْ فرحـــةَ السّـــحابِ ريـــاحي

كلّمـــا أثقلَـــتْ رمتـــها بعيـــداً

وامّحَـــتْ آيـــةُ النّهـــارِ بقلـــبي

حينَمـــا لم يعُـــدْ أكيـــدي أكيـــداً

أيهـــا الحـــبُّ كيـــف تســـخرُ منّـــي

أو لم تَـــرْبُ في حمـــايَ وليـــداً

أيهـــا العـــابرونَ مهـــلاً فعمـــري

خَطْـــوُهُ في العبـــورِ صـــارَ وئيـــداً

أيُّهـــا العُمـــرُ طُـــلْ أو اقصُـــرْ فـــإنّي

لســـتُ أخشـــى إذا بقيـــتُ وحيـــداً

ملبورن ٢٠٠٩ - ٢٠٠٧

ميسوبوتاميا ..

كانـــــتْ هنالـــــكَ قـــربَ الجمـــرِ والعســـلِ
وكـــــان متكــــأُ الأحـــــلامِ في وجِـــلِ

وكنـــــتُ حـــيران كــــالأرضِ الــــتي حملـــت
مشـــــاعرَ القـــومِ بـــينَ اليـــأسِ والأمــــلِ

كانـــــتْ تجَـــاهلُني مهمـــا خطـــرتُ لــــها
وكنـــــتُ أذكرُهـــا مهمـــا طغـــى عَـــذَلي

كنّـــا كشـــمس الضـــحى والبـــدرِ مـــا التقيـــا
إلا خيـــــالاً كلـــــونِ الـــــدمعِ في المقـــلِ

كأننـــــا في ربـــــى التـــــأريخ أزمـــــنةٌ
قـــد تلتقـــي في ربـــا ضَـــرْبٍ مـــن الـــمَثَلِ

لكـــنَّ حبـــي لهـــا لا شـــيءَ يَصْـــرِفُهُ
كمـــا يكـــونُ قضـــاءُ الكـــونِ في الأزلِ

أيار ٢٠٠٩ ملبورن

وقفةٌ على قبري ..

مــــا زلـــتُ أبحـــثُ عـــن ظلِّـــي الـــذي غابـــا
وأُرســـــلُ الطَّـــيرَ في ذكــــرايَ أســــراباً
حــــتى رحلــــتُ وكــــانَ العمــــرُ مغتربــــاً
وكنـــــتُ في عرصَـــاتِ العشـــقِ أوَّابـــاً
يــــا رُبَّ طارقـــةٍ بـــــابي وقـــد نَســـيَتْ
أني قضـــيتُ شـــبابي أطـــرقُ البابـــا
ورُبَّ مقبلـــــةٍ نحـــوي وقـــــد يَئِسَـــــتْ
منـــها الـــدُّروبُ وخطـــوي نحوهـــا خابـــا
ورُبَّ شــــارقةٍ والشّـــمسُ قـــد غربـــت
ونـــورُ عـــينيَّ عـــن عـــينيَّ قـــد غابـــا
ورُبَّ مبحـــرةٍ والعمـــرُ قـــد ســـكنتْ
رياحُـــهُ وهـــديرُ العشـــقِ قـــد ذابـــا
حلـــمُ الطفولـــةِ أجّلتيـــه وا أســـفا
وكنـــتُ أقـــربَ مـــن حُلْمَـــينِ أو قابـــا

ألم يكـــــنْ في يـــــديكِ الأمـــــرُ ســـيِّدتي

أم غـــرَّكِ الـــدمعُ مـــني فـــاض تِســـكاباً

وســـــرَّ عينيـــــكِ ذُلّـــــي في مطـــــاردتي

أطيـــافَ روحِـــكِ واســـتعذَبْتِ لي الصـــابا

ومـــلَّ سمعُـــكِ مـــن صـــوتي الـــذي طربـــتْ

لـــهُ الجمـــيلاتُ واســـتهدى بـــه "البابـــا"

ألم تـــــريْ أنَّهـــــا الأيَّـــــامُ شـــــاهدة

أنـــتِ الـــتي للـــهوى حطَّمْـــتِ أعتابـــاً

وأنـــتِ أنـــتِ الـــتي كـــذَّبتِ أشـــرعتي

وأنـــتِ مـــن أنكـــصَ المجنـــونَ أعقابـــاً

وأنـــتِ أنـــتِ الـــتي قصّصـــتِ أجـــنحتي

وأنـــتِ مـــن صـــيَّرَ الأهلـــينَ أغرابـــاً

إني قضـــــيتُ حيـــــاتي في مجاهـــــدةٍ

ولم أكـــن لحظـــةً في العشـــقِ مرتابـــاً

سـكنتُ في السُّـحبِ حـتى لا تُجَـرِّحَني

سـهامُ صـدِّكِ إنِّـي عشـتُ هيَّابـاً

أخشى عليـكِ -قضـيتُ العمـرَ- مـن قَـوَدِي

ومـن أسـى حسـرةٍ تمتـدُّ أحقابـاً

ودّعـتُ دنيـاكِ يـا فـردوسَ آخـرتي

طـابَ الهـوى ومقـامُ الصـبِّ مـا طابـا

هـل تـرتجينَ لضـيفِ القـبرِ عودتـهُ

واللهِ ماكـانَ إلاّ المـوتُ غلاّبـاً

لقـد رضـيتُ هـوان العشـقِ مـا بقيـتْ

روحـي وكنـتُ لـدارِ السُّـهدِ بوابـاً

وقـد تـأخرتِ يـا مـن كـانَ كـلُّ دمـي

يفـدي ثـراكِ وعنـكِ الخلـدُ قـد نابـا

فـادعي لعـلّ لقـاءَ الخلـدِ يجمعُنـا

واسـتغفري العشـقَ طـوبى للـذي تابـا

أيلول ٢٠٠٨ ملبورن

بُرُودٌ ..

لم يعد يقلِقُني الردُّ ..
ولا يوجعني البعدُ ..
ولا يقتلني الإجحافُ أوالصدُّ ..

حياتي ..
لم يَعُد يحكمُها الجزرُ أوالمدُّ ..

فقد أصبحتُ حرًّا ..

وعلى رغمِ افتقارِ الرُّوحِ ..
للرُّوحِ التي تعرفُها ..
ذاتي التي تسكنُها ..
ما عدتُ أبكي كلما حدقتُ في مغربِ شمسٍ ..
لم تودّعني مساءاً أو تقبّلني صباحاً,

كلُّ ما أفعلُهُ
أكتُبُهَا ..

أكتُبُنِي ..
أتخفّى حينما قطرُ الندى – في مُقلتي - يَغلِبني ..
وأواري أحرُفي قبراً من الأسلاكِ والموجاتِ ..
لا آمنُه غدراً ومكراً ..

وعلى كلٍّ ..
فإني لم أكن أودعتُه للحبِّ سِرًّا ..

أخطرُ الأسرارِ أني ..
لستُ أنوي العيشَ مثل الناسِ ..
أو مثل النصوصْ ..
حمّالَ وجوهٍ
– أو كما في معجمي- مثلَ اللصوصْ !
......
فلقدْ اصبحتُ حُرًّا.

نيسان ٢٠٠٩ ملبورن

تَمَرُّدٌ ..

إذا جئتَ تُسندُ ظهركَ:
تُغمضُ عينيكَ,
تأخذُ أعمقَ أنفاسِ عمرِكَ,
تُرخي جميعَ مفاصلِ قلبِك,
توحي لكل خلاياكَ ..
أن تتهيّأ للعومِ
في لا نهايةِ غَوْرِ الفضاء

هل تتوقّعُ أنّك تُسندُه للهواءِ؟

هل اتسعَ البُعْدُ بين الدقائقِ عُمرا
وهل غِبتَ عن وعيِ حُبِّكَ شزراً
وهل غادرَ العابرونَ أماكنَهُم
قبل ألا يقولَ سليمانُ للجُندِ أمراً
ليستحضروا عرشَ بلقيسَ
في طَرفةٍ من دهاءِ؟

ألا تعلمينَ؟

بأنّكِ أولُ قارعةٍ ..

تتجرأُ أن تطرقَ البابَ ..

تعصي قوانينَ عشقِ التوائمْ ..

واللهِ ما كانَ يوصِدهُ ..

غيرَ خوفي عليكُنّ ..

أن تتشظّيْنَ مِمّا بداخله من مآتم ..

وها أنــــتِ أدركـــتِ أنّ المغـــارِمَ تَغلِبُ في مثـــل حبّـــي المغـــانم

وها أنـــا أُقتَــلُ قـــتلاً جديـــداً يَزيـــدُ بجـــدرانِ قلـــبي المعـــالم

وها نحنُ ندخلُ فصـــلاً غريبـــاً ونجهلُ كيف تكـــون الخـــواتِم

أحقّـــا أُلومُــكِ أنــتِ الـــتي لا تخافين في الحُـــبِّ لومـــةَ لائـــم

كانون الأول ٢٠٠٩ ملبورن

ما الفرق بينكما؟..

ألَمَ تتورَّطا فيما تُسمّيهِ القِمَار؟
هو قال لي ما قلتَ ..
بلْ وصلتْ إلى بابي أناملُهُ
وكانَ يقولُ لي وحدي الحكاياتِ الكِثَار ..

أنتَ اختصرتَ الحُبَّ " تَــمثيليَّةً " ..
تلهو بأفئدةِ النّساء المنهكاتِ لدى طوابير القطار ..

ونَفَذْتَ لي منها
وخدّرتَ الأنوثةَ فيّ
أيقظْتَ احتياجي في ليالي وحدتي لونَ النّهار ..

ووعدتني بالخلدِ في عينيكَ
حتى لم أعُدْ من أي فاتنةٍ أغار ..

ونسيتُ أنّكَ حينما أعطيتَني يُمناكَ
قُلْتَ بأنّ في يسراكَ قائمةَ انتظار ..

أنا لم أَقُلْ للشمسِ لا تثقي بآفاقِ التوهُجِ
ثمَّ أُنكِرْ ظلَّ أوزاري على جسدِي المُثار ..

أنا لم أنادِ الليلَ ..
أتلُ الحزنَ في عينيكِ أحلاماً
لأحظى بانتظارِك – عندَ بابي – فتحَ نافذةِ الحِوار ..

نحن ارتضينا أن نعيشَ ببلدة الأشباحِ
نسبُرَ في شتاءِ الوهمِ أشباه البحار ..

ألا نعرِّضَ وردَنا للشَّمسِ
نتلوَ عند ناصيةِ المشاعرِ بعضَ أورادِ الوَقار ..

كانت بأيدينا الحياةُ – و لم تزلْ –
تدعو إلى طُهرِ الطُّفولة من يُسمَّوْنَ "الكبارْ" ..

هو خانَ عينَ الفجرِ مختبئاً بظلِّ الليلِ
متّكِئاً على ما كان بينكُما من القصص القصار ..

والفرق بينكما: توقّفَتِ المياه بنهرِها في أوّلِ المشوارِ ..
أنكرتِ الحصار ..

أنتِ ارتآكِ غيابُها نَهراً
وقلبَكِ قارباً ..
يضعُ الأماني الخضرَ في شَبَكِ القرار ..

هي ..
لم ترحّبْ بالرّياحِ
لأنّها تخشى اندلاعَ الحبِّ من شَرَرِ الغُبار ..
هي – رغمَ تشريدي – أبتْ
أن تستجيرَ من اغترابِ العُمرِ بالوطنِ المُعار ..
هي – رغمَ تجريحي – استحقَّ سِنانُها الممتدُّ
من صدري إلى قبري مواجهةَ افتِخار ..

والفرقُ عندي أنّني: ما عاد يزعجُني إذا قالتْ:
بأنّ هواي ليس سوى مُحاولةِ انتحار ..

كانون الأول ٢٠٠٩ ملبورن

خلودٌ ..

كنتِ وحدَكِ ..
ما كانَ يخطُرُ في الرُّوحِ إلاّك ..
ما كانَ يحلمُ بالحبِّ حتاك ..
أوجبتكِ المقاديرُ حلماً ..
يبلّغُني عالمَ الخُلدِ – سَكْرَةَ لقياك –
يلقّنُني في المساءاتِ أعذبَ نجواك ..
يباركُني حينَ أعلنُ في مسمعِ الكونِ: "أهوااااك"
خرافيّةَ الصّمتِ .. أسطورةَ الصَّد .. معجزةَ الوصْلِ ..
ماذا تبقى بتوراةِ نفيكِ – أشهاك –
بتلمودِ ظُلمِكِ – أقساك –
اليومَ تغزو أناجيلَ حبّكِ بعضُ المزاميرِ ..
تبحثُ عن ظلّ أورادِها في ثناياك ..
ما زِلتِ وحدَك ..
لا زلتُ أحفظُ آياتِ عشقِكِ ..
أشدو تراتيلَها في صلاتي بمحرابِ ذِكراك ..

كانون الثاني ٢٠١٠ ملبورن

الفهرس ..

AF610596